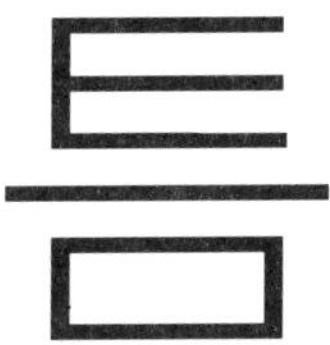


이석락

| 제8시집 |

청옥

## 시인의 말

벽과 기둥 틈새로 찬바람이 들어온다
틈새에 진흙을 채웠다
흙은 벌어지고 작은 틈이 생겼다
진흙을 발랐을 때 틈이 없어진 것이 아니라
눈에 보이지 않던 틈이 커진 것이다

틈이 없어서 물도 가스도 지나가지 못하는 내 몸을
엑스선도 관통하고 감마선도 관통한다
내 몸의 틈
내 눈에 보이지 않을 뿐.

2015. 10. 1.
이 석 락

## 차례

### 제1편 보이지 않는 것의 의미

## 제2편 풀잎 일기

## 제3편 바깥에는

제4편 틈

**해설**

제1편

# 보이지 않는 것의 의미

# 벚꽃이여 안녕

장맛비 같은 봄비가 밤새워 내렸다
꽃은 봄마다 요절해도
천수天壽를 다하고 간다지만
몰래 왔다가 서둘러 가기에
아름다움만 잠깐
꽃도 더럽다는 것을 알 수 없다

비 그치면 떠날 꽃이기에
빗속을 걸어 꽃 숲에 갔다
하늘 덮은 꽃이
소곤대는 비바람에 꽃눈으로 내린다
소나무, 전나무, 측백나무, 사철나무
가지마다 잎마다 꽃인가 눈인가
옹자물 한 편에 꽃잎이 쌓이고
젖은 땅도 꽃잎에 덮였다

길을 곱게 덮어주고도 짓밟힌 얼굴로
안녕 안녕 손짓하는 꽃
떠나는 길 아픈 몸으로 웃음 베푸네
하늘이여 영광을 내리소서!

# 잊었다는 생각이 잊지 못했다는 증거였다

할 일을 못 찾은 밤은
퍼즐을 헤쳤다가 다시 맞추었다
소용없는 퍼즐을 맞추는 동안은
다른 생각을 잊었다

낮에는 쓰레기를 줍고
밤에는 퍼즐을 맞춘다
쓰레기를 주울 때는 쓰레기와 말하고
퍼즐을 맞출 때는 퍼즐에게만 말을 건넨다

퍼즐을 맞추다가 잠든 어느 날
잠에서 깨자마자
쓰레기 생각이 났을 때
이제야 사랑을 잊었구나 생각했다

무엇을 잊는다는 것은
무엇이란 말조차 잊어야 잊은 것이다
사랑이라는 말이 생각난다면
사랑을 잊은 것이 아니다.

# 새싹들의 탄생

씨앗 속에
햇볕도 그늘도 있다
햇살 아래 놀던 풀꽃이
지나가던 바람과 춤춘다

산딸기도 따고 조약돌도 줍고
엄마가 펼친 들밥도 먹던 아이가
아빠에게 씨앗 밖으로 나가보자고 보챈다

씨앗에서 나오는 것은 다른 별에 내리는 것
씨앗 속 일을 모두 잊고
씨앗 속으로 돌아가는 길도 잊는다
새 별에서는
새로 사는 법을 배우면서
스스로 새 우주가 된다.

# 가을비

가을비가 따뜻하다
고비사막이거나 타클라마칸 사막이거나
일 년 내내 기다리는 곳이 많은데
여기로 왔다
이 새벽에

간밤 꿈에는
봄 여름이 행복했다고
봄비 여름 햇빛이 찾아오더니
오늘 밤 꿈에는 앞산에 걸리는 무지개가 오겠네

고운 추억 가을비
하늘이 파란 것도 좋지만
희뿌연 안개 사라질 때까지
둘만의 입맞춤도 숨겨준다.

# 지구 온난화

오늘 10월 하순
올해는 두 달만 남았다

한 해 끝에 섰다는 생각에
몸을 흔들어 눈바람을 털어낸다
벚꽃은 눈 깜짝하는 사이 사라지고
삼복더위는 화롯가 엿처럼 늘어나더니
가을 잠바를 입다가
겨울 외투로 바꾸어 입는다

마지막 두 달은 겨울로
두 달짜리 겨울로 마치고 싶은데
내년 4월까지 겨울이라 생각하면
어깨가 움츠러든다.

# 보이지 않는 것의 의미

길에 숱한 흠집이 쌓였다
그 흠집을 덮으려고
긁힌 자국 파인 자국 만들어보아도
지워지지 않는 그 흠집들

납치범에 끌려가던 소녀의 비명 흠집
천둥에 부러진 연리지 통곡 흠집
큰비 큰바람으로 씻어도
세월 갈수록 또렷한 그 흠집들
사람은 볼 수 없다

천둥으로 번개로 보여주어도
지진으로 해일로 보여주어도
사람이라서 알 수 없다
볼 수 없고 알 수 없기에
흠집들의 분노가 일어날 때까지는
이렇게 화평할 수도 있다.

# 병원이 무서우면 걸어라

고혈압 주의, 위염 의심, 과체중
배가 자주 아프고 소화가 안 되면 재검하라고…
혈압 재측정 암 검사에 이상 없다
163cm에 63kg인데 겁주기는…
반 마취 내시경도 내시경검사 아니냐

솔방울 술 몇 잔 먹고 겁나게 좋아져부렀제
퇴근길 엉뚱한 골목이나 빈 공사장도 둘러보고
하루 한 시간 걸어서 2주일이면 배가 쏙 들어가지
병원에 안 가면 일찍 죽는다고?

병원비+일찍 죽는 기간의 생계비=생애 절감 비용
절감비용보다 영생을 먼저 얻는 것이 좋겠네
너희도 천당에 올 수 있겠느냐마는
먼저 간 김에 너희 방 구해 놓을까

조금 걸었다고 종아리가 피곤해…
쉬었다가 걷자 병원에는 가지 말고
자고 나면 새날이네
시간은 많다니까.

## 버스 노선번호는 주행 중에 바뀔 수도 있다

노선번호 확인하고 탄 버스
10분 달리다가 노선이 바뀌었나
엉겁결에 내려 중얼거려보아도
우리 집에 데려주지는 않았다
네 탓이 아니니 하늘 보고 웃어야지

조금만 걸으면 돼
가을빛이 드는 가로수 잎과 속삭이고
아가씨들 철 바뀐 몸매에 정신 줄도 놓아 보고
가을이 아직 산꼭대기에 있는지도 보고
길가에 꼬리 치는 강아지도 볼 수 있겠네
뱃살 빼기 걷기 하다가 몸살 난 발이
겨우 진정되었는데 어쩌나 그렇지만
조금 걷는 것이 몸살 회복제라고 다짐해야지

숙부님은 기사님이 깨워서 눈을 떴더니
내릴 곳에서 반 시간이나 더 간 종점이라 했지
자랑삼아 하는 그 이야기를
나도 할 수 있겠네
숙부님도 눈을 크게 떴다가 웃어 주시겠네.

# 치과 검진

날 잡아 면도하고 이 닦고 집을 나서려니, 친구 전화
휴, 친구야 네가 날 살린다

치과 입구 안내문, 오늘 휴진
살았다

미루다가 썩은 이, 부러진 이
송곳니 하나는 밑동에서 부러지고
퇴로 없는 오늘
선생님은 아프지 않다고 다짐을 하는데
드르륵 드르르륵
내가 죽은 건지 산 건지
유언할 말도 생각이 안 난다

선생님의 전화기, 이따가 만나자
천만다행, 오래 끌진 않겠구나

나는 지금 치과에서 나간다
만세!!!
절벽에서 떨어진다 해도 콧노래가 나온다.

# 병원 문턱

오른쪽 위 송곳니가 부러진 것에 놀랐지만
치료를 미루는 세월이 길어 그 충격을 잊었다
홍시를 먹다가 속이 빈 오른쪽 아래 송곳니가
감 씨에 걸려 부러졌다
옆을 깎아낸 위쪽 앞니 두 개가
생감을 베어낼 때마다 불안하다

치료 중 예약일에 간 적이 없다
핑계가 없어도 여섯 달을 미루고
때운 곳이 떨어져 나가도
해를 거른다

홀대받던 이빨이
어느 날 미음 씹다가 빠지면 어쩌나
병원에 가지 못했던 할아버지들은 이가 좋아도
내 나이보다 젊었을 때 뼈를 씹지 못했고
병원에 갈 수 있는 나는 이빨이 나빠도
할아버지보다는 늦게까지 뼈를 씹는다
내일의 위험은 느낄 수 없고, 지금은
자나 깨나 병원 문턱이 두렵다.

# 가슴으로 녹여 드리자

돌아온 겨울바람, 찾아온 눈
겨울답지만
엘니뇨가 밀치고 들어온 눈사태
해는 서산 아래 깊이 빠지고
얼음판 덧물이 심장까지 차오른다

함박눈에
청솔 가지 꺾일 때
눈더미에 깔려 찌그러진 얼굴
마음도 우지직 내려앉았는데
겨울 뒤에 봄이 온다는
동정의 말만으로는 녹지 않는 눈덩이
한숨이라도 모아서 녹여드리자.

# 사람이 꽃보다 아름답다

장미 붉은 화사함을 누가 흉내 내겠습니까
감꽃 만개한 싱싱함을 누가 흉내 내겠습니까

그러나
꽃보다 아름다운 것이 많기도 하네요

콧물 흘리는 아기를 보세요
바이칼 호의 맑음인들 그 눈빛을 흉내 내겠습니까

볕에 탄 노점상 아저씨의 미소를 보세요
모란의 붉은빛인들 그 훈훈함을 흉내 내겠습니까

헌 옷에 장미를 든 소녀를 보세요
장미조차 소녀의 복숭앗빛 얼굴에 시들잖아요

감꽃 줍는 아이를 보세요
감꽃의 생명력보다 진합니다

햇빛에 금물결 출렁이는 어느 날
사람이 꽃보다 아름다움을 알았습니다.

# 정다운 모임

– 시 동아리

단풍처럼 얼굴 붉힌 반가움도 잠시
가지에서 떨어지는 낙엽처럼
기약 없는 헤어짐이 서러웠다

컴퓨터 창에 반짝이는 임의 시
임의 온기가 마우스를 타고 와
시린 무릎을 데워주었다

그립다는 소문이 돌 때쯤
눈석임물을 뽑아 올린 산수유가
개나리도 활짝 피었다고
오늘은 벚꽃도 활짝 피었다고
우리 다시 만나라고

먼 길 낯선 길 찾아오신
임을 위해
건배를 해야겠다
봄이 가면
또 만나자고.

## 사이버 이웃

어제까지 짓던 미소
흔적을 지워버린다
비를 뿌리다가 산을 오르는 안개는
목욕한 풀잎의 솜털까지 보라고
치맛자락 끌며 손짓하는데
엄마 같은 믿음, 깔깔대던 소리
아! 첫사랑과의 산책
사이버 떠난 자리는
어슴푸레하던 미소조차 안개에 덮인다

진달래 꽃잎보다 여린 마음
하늘 찌르는 자존심
댓글 몇 마디로 돌아서는
사이버의 미로
이사 간 이웃처럼 만날 꿈이나 남기면
가슴에 아린 구멍 하나는 없을 것이다.

# 선인장 전시장

아폴론이 시빌레에게 젊음을 약속하였는가
치술령 망부석이 박제상을 보았는가
무엇에 홀려서 낮에도 별로 반짝이는가
해가 뜨면 모두 태우는데
무슨 말씀*이 있다고
모래 들판에 불꽃보다 고운 꽃이 피는가

지평선에 해 뜨면 선인장 꽃이슬이 사막을 깨운다
산등성이에 달 뜨면
선인장은 선인장의 말로 전갈은 전갈의 말로
오늘 한낮을 잘 견딘 것은
어젯밤 서로 격려한 탓이라고

모래바람에도 꿋꿋하게 서서
제 것을 지키고 남의 것을 존중하며
낙타를 맞이하고 보내듯
세월을 맞이하고 보내는
선인장은 사막의 슬기(智慧).

* 하나님의 계시.

# 사랑 찾아 나설 때

하늘 가득 하수구 냄새에
후텁지근한 공기가 줄담배를 피운다
미움도 아픔도 가물가물
먹고 싶은 것도 보고 싶은 것도 없다
생각하고 싶은 것도 없는 날
천상병이 천국에 갔을 것이다

황천에 이르면
이승 길섶에 밟히던 질경이도
다시 보고 싶을까
황천 조각배에 스치는 바람이
멀어지는 이승 언덕을 돌아볼까

사랑할 것도 없고
미움도 잊으면
플루토*의 꼬임에 넘어가기 좋은 날
지금은 사랑 찾아 나설 때.

* 플루토: Pluto. 희랍 신화에서 죽은 자를 다스리는 지하의 신, 산 생명을 많이 죽여서 자기의 세력을 키우려 함.

# 밤 나들이

고향의 저녁달이 보고 싶어 집을 나섰다
달빛에 먼 마을, 아늑한 들길에
불한당이 두려워
데면데면 피하던 사람끼리도
도란도란 한몸인 듯 으스대고 나면
이튿날부터는 반가운 웃음이 피었다

달빛 삼킨 도시 뒷골목
알몸까지 비춰내는
네온 불빛 아래는
그믐밤 별보다 반짝이는 눈동자에
장미 향기보다 진한 입술들
한 달 번 돈을 다 내라고
배시시 웃는 미늘이 애처롭다

달빛 은은한 들길
서먹함도 녹여주었는데
네온 불 찬란한 골목
얇은 지갑이 밤에도 서럽다.

# 옛말

죽이라도 실컷 먹고
군불 땐 온돌방에 눕는 것으로도
삼동네가 등 따시고 배부른 때가 있었다

쌀밥이 잡곡밥에 밀려나고
불고기도 잡곡밥도 쓰레기로 나가는 지금
여름에는 외투 겨울에는 얇은 옷으로
내 집 거실 3D 스크린에도 심심하고 짜증 난다

내 낡은 자가용은 달에 가다가 고장 났고
새 자가용으로 명왕성에 다녀온 이웃에게
행성 이야기나 듣다가 하품이 나온다
능력도 없는 이웃이 세습 받은 돈에 깔려도
부랑자에게 주는 구호금은 아깝단다

구호금만으로는 새 우주선을 살 수도 없고
철갑상어 알을 맛만 보고 버릴 처지도 안 된다
낡은 우주선을 고치던 기름 묻은 손으로
냉장 소고기나 꺼내 불고기를 만드는
나는 등 시리고 배고프다.

# 겨울 냄새

2013년 10월 15일
설악산 첫눈
지난해보다 보름이나 빨라
부산 동래 섭씨 최저 14도 최고 26도
비로소 여름이 항복한 것이다

2013년 10월 16일
강원도 눈바람 냄새가 난다
가을 잠바 안으로 스며드는 시베리아 고기압
부산 동래 섭씨 최저 13도 최고 19도
어제까지 피해 다녔던 햇볕을
오늘은 한낮에도 찾아다닌다

내일은 더 춥다고
낙엽수들은
여름옷을 알록달록 물들여 옷장에 넣고
상록수들은
방한복 꺼내 손질한다
흰 눈 겨울나무 냄새가 난다.

# 쪽방이 있어 행복합니다

쪽방 틈새로 비바람이 차갑지만
바깥보다 아늑합니다

쪽방이 없다면
밤새 언 몸
아침 해를 다시 보지 못할 것인데
쪽방에서
더 좋은 날을 꿈꿉니다

밥 타령하다가 굶어 죽기보다는
나물죽으로 속을 채우고
밥을 찾아 바동거릴 힘을 가져야 하듯이
쪽방에 웅크려 있어도
움직일 힘을 다듬는 것은 복입니다

길에는 얼어 죽은 사람도 있답니다
쪽방이 있어 행복합니다
눈비 그칠 때를 기다릴 수 있어 행복합니다.

# 연못

연꽃 한 송이
물방개 한 마리
물 위에 조각구름
나를 쳐다보는 내 얼굴

물방개 지나가니
연꽃만 남고
하얀 구름은 하늘로 갔나
내 얼굴은 용궁에 갔나?

# 화풀이

동생과 싸우다가 집을 나온 날
갈 곳이 없어서 개울에 앉았는데
어이구 잘난 놈아
엄마 말이 개울까지 따라왔네
구름 뜬 물풀 사이
잘난 내 얼굴

돌멩이 던졌더니
풀들이 휘청휘청
잘난 놈 쫓으려고 물방울이 튀고
뒤집힌 흙탕물에 미꾸라지 도망질
물에 뜬 흰 구름도 가버렸다
엄마의 귀한 아들
개울에서도 말썽꾼.

# 감기 손님

아침 햇살이 공중에서 선창으로 쏟아붓는 어름을 뚫고
갑판 위 가느다란 연기는 춤추며 하늘에 오른다
파르스름한 연기보다 아침은 더 푸르러
선창 뚜껑에서 한없이 올라오는
오징어 궤짝을 트럭에 옮기는 젊은이만큼
나도 푸른 기운으로 우쭐대며
자갈치 좌판에서 갈치를 골랐다

어제저녁 개수대 앞에 서서
도둑고양이처럼 혼자 밥을 먹을 때는 점잖던 감기가
좌판 갈치의 싱싱함을 산 때부터 심술이 났는지
집에 와서 방문을 열자
나보다 먼저 들어가 내 자리에 앉았다

하늘 문을 열려고 반듯이 누웠더니
감기가 아득히 땅속으로 끌어내린다
감기에게 끌려가는 것은 조건 없이 싫어서
예, 손님, 일전에도 쌍화탕 한 병 드시고 가셨는데
오늘은 귀하신 알약 한 알 드릴까요
아스피린 한 알 들고 흥정한다.

## 제2편

# 풀잎 일기

# 노점 풍경

자동차도 길도 증기에 흠뻑 젖은 오후
출렁이는 노브라no brassiere 팽팽한 엉덩이
실룩샐룩 사라질 때까지
은행잎은 가볍게 하느작거린다

빌딩 그늘 농익은 여인이
가늘게 뜬 눈으로 맞은편 간판을 읽으면
시스루룩see through look 분홍 옷자락
햇볕이 벗겨낸다

생담배 연기처럼 푸른 앞산 이네가 보낸
한 줄기 산바람이
느린 치맛자락만큼만 공기를 휘저어도
신호등 아래 아가씨 짜릿한 살내를 흩뿌린다

노점에서 활짝 웃던 젊은 부부가
훈련병처럼 팔을 젓고 지나가면
베이스노트* 향내에
사내들이 코를 벌름거린다.

* Base note: 향수를 뿌리고 5분 이내에 사라지는 Top note와 20~30분 후에 나타나는 Middle note가 사라진 다음 1~2시간 지난 뒤에 나타나는 은은하고 여성스러운 향기.

# 노점 풍경(땀)

공기 속의 물기가
유리병에 붙은 물방울이 되었다가
쪼르르 굴러 내린다
몸 안의 물기가
몸 밖으로 나와 땀방울이 되었다가
쪼르르 굴러 내린다

유리병 바깥에 맺힌 이슬도
내 옆구리로 흘러내리는 땀도
허리춤에 걸렸다가 하늘로 간다

강으로 바다로 가지 않고
하늘로 가는 것은
땀도 영혼이기 때문이다
온몸 구석구석을 씻고 닦다가
지친 영혼은
증기보다 잘게 흩어져
하늘이 된다.

## 노점 풍경(먹이 다툼 1)

전봇대에 광고지 2개가 붙어 있다
'급매매 16평 오피스텔'
'매매 대동아파트'

책가방을 멘 청년이 두리번거리다가
가방에서 컴퓨터 용지를 꺼내 붙이고는
탈주범인 양 달아났다
'부산대 4학년 대입과외'

승용차에서 교양으로 빚어진 중년 남자가 내리더니
청년이 붙인 흑백 광고지를 떼고
칼라 인쇄 광고지를 붙이고 갔다
'과외. 부산대. 서울 명문대 교사'

승용차가 떠난 뒤 광고문 3종
대학생과 신사를 지켜본 건달이
'과외. 부산대. 서울 명문대 교사'만 떼고
'어르신 일자리' 동사무소 근로 확인 제출에 쓰라고*
부동산 광고지 2종만 남겨두었다.

* 일시적 생계 곤란자를 위한 사회복지제도.

# 노점 풍경(먹이 다툼 2)

노점 차에 공무원이 단속 나왔다
노점 차 주인은 '좀 먹고살자.'
공무원은 '나도 먹고살자. 신고가 들어와 어쩔 수 없다.'

노점 차가 교통 소통을 막은 것이 아닌데
노점 차와 상가 물건은 종류는 같아도 품질이  다른데
세금 내는 상가를 보호해야 한다고
세입자인 상인도 건물 주인도 옳은 말을 했다
일자리 구하는 것도 창업하는 것도
이것저것 부조리한 조건을  깰 능력이 있어야 한다

오늘 밤 달동네 어느 집에서 도둑맞거나
밀린 최저임금 일부를 받아가던 아주머니가
밤길에 몽땅 털리면
쫓겨간 노점 차에 피의자 수배령이 떨어질 것이다.

# 노점 풍경(질경이)

새벽부터 종일 내리는 폭우가 오월에도 있다
하루에 100mm가 넘는 비가 놀랄 일이 아니다
천둥지기가 묵정밭이 된 지금
가뭄으로는 굶을 사람 없는데
그저께 내린 봄비 오늘은 폭우로 내린다

목마른 질경이 옆 붙박이 노점 상인
어깨에서 발등으로 쏟아지는 빗물에
스며드는 추위를
커피 잔에 오르는 김으로 달래도
밀린 방세는 달랠 수 없다

찢긴 채 흙탕물 뒤집어쓴 길섶 질경이
비바람 지나가니 툭툭 털고 일어나
사장님 괜찮으세요, 무지개 좀 보세요
짓이겨진 옷자락 추스르고
노점 상인 손을 잡아준다.

# 노점 풍경(錯視)

여자가 모두 예쁜 날
여자가 모두 시시한 날
아침부터 어떤 일이 있었는지 생각해 보아도
뚜렷한 차이가 없다

느낌이란
엿장수가 가위를 몇 번 두드릴지
종잡을 수 없는 것인가

어제는 아가씨들의 맨다리가
펭귄 다리 같더니
오늘은 아가씨들의 맨다리가
상앗빛 조각품이다
곱게 보이는 날이 반은 되었으면 좋겠다.

# 노점 풍경(평양 거리)

은행나무 가지 끝도 교회 첨탑도
차렷 자세로 굳었다
삼 층 옥상 정원수도 숨이 굳었고
전나무 잘린 가지는 하얗게 굳는다

한산한 평양 거리라고
노점 김 사장 넋두리가 또 시작되었다
지나가는 사람이라도 있으면
길손의 손바람에 파리가 달아나겠는데
파리 쫓는 것도 깜빡깜빡 졸면서 한다
포도 상자 지키던 김 사장은 거슴츠레 뜬 눈으로
사람이 지나간 것도 모르고 앉았다가
모두 피난 갔느냐고 너스레를 떤다

거리도 건물도 외딴집 우편함
찻집 앞의 풍향계도 멈췄는데
전기로 돌아가는 이발관 삼색등만 바쁘다.

# 노점 풍경(늦더위)

매미는 9월 2일 9월 2일 자지러지고
글자 한 자가 빠진 간판은 햇살에 부신 눈을 찌푸리고
연분홍 낡은 건물은 감추었던 하품을 대책 없이 토한다

푸른 하늘이
밀려가는 얼음 조각 사이로 내려다보고
하느작 하느작 다가온 에스라인 아가씨는*
땀 고인 겨드랑이를 한 번씩 들썩인다

매미는 9월 2일 9월 2일 울고
시원해진 새벽바람은 어디로 쫓겨갔는지
아스팔트 건너오는 바람은 어제만큼 뜨뜻하다.

* 몸매가 날씬한 아가씨. 광고 문구 v line , s line, y line 중에서 인용.
s line은 bust, waist, hip가 만드는 곡선.

# 노점 풍경(엿듣기)

"으내이 마이 달렸네." ·························· 행인 가
"그런데 좀 잘다."- ································ 행인 일행

'예, 이야기 좀 해주이소. 부탁합니데이.' ·· 전화 받는 행인 1

"여기 동사무소가 어딥니까?" ················· 행인 나
"일로 쭉 가다가 왼쪽입니다." ················ 노점상

"월 주소." ············································ 손님
"몇 개 드리까요?" ································· 노점상
"네 개 주이소." ···································· 손님
"어떤 색깔로요?" ································· 노점상
"그걸로 주이소. 5,200원이지예?" ··········· 손님
"예, 고맙습니다." ································· 노점상

"죄송합니다." ······································· 전화 받는 행인 2

"야야, 여기 맞다카이." ························· 행인 다
"그런네 와 안지 안 와 있노?" ················· 행인 일행
"그래 말이다." ····································· 행인 다

# 노점 풍경(이름을 붙여야 꽃이 된다)

젓가락 한 벌이 걸어온다
하나는 조금 굵고 하나는 날씬하다
얼굴도 날씬한 젓가락이 더 예쁘다

날씬한 젓가락만 다가온다
다가온 젓가락이 굵어지고 얼굴은 수수해졌다
날씬하다고 이름 붙였으니
뚱뚱하다고 하지 말고 튼튼하다고 하자

굵은 젓가락만 다가온다
날씬한 젓가락보다 얼굴이 더 예쁘다
못생겼다고 이름 붙이지는 않았으니
귀엽다고 하자

두 젓가락이 합쳐서 걸어간다
튼튼한 젓가락 한 벌이 되어 멀어진다
생머릿결이 한 쌍으로 찰랑거린다
젓가락 한 벌은 멀어질수록 날씬해진다.

# 노점 풍경(길손 없는 노점)

졸음을 쫓다가 눈을 감으면 보인다
해발 400m 절벽 위에 완만한 긴 골짜기
골짜기 입구에 개울이 천천히 흘러내리고
구릉에 봄 잔디, 논둑 밭둑에 자운영
논배미마다 새로 손질한 황토 논둑
골짜기 안쪽에 복숭아꽃이 한창이고
무논에 비치던 구름이 복사꽃에 머문다

자동차 브레이크 소리에 눈을 뜨면
논밭 가운데 초가집도 기와집도
밭둑에 매인 엄마 소도 사라지고
엄마 소가 부르는 소리에
화답하는 송아지 소리만 남는다.

# 노점 풍경(꿈)

손님이 없을 때는
꿈을 꿀 일이다

봄이면
밭두렁 벚꽃 밑에서 하얀 소녀와
보리밭 푸른 출렁임처럼 어깨를 기대고

여름이면
첩첩산중 머루 잎 아가씨와
산 중턱 흐르는 얼음물에 발 담그고

가을이면
벼 이삭 물결 속 메뚜기 잡던 소꿉동무와
코스모스 길을 거닐고

겨울이면
눈 덮인 바윗돌 상고대 냇가를
집사람과
첫발자국을 내며 나들이할 일이다.

# 노점 풍경(세월 되돌리기)

할머니가 손수레 바퀴를 굴린다
타이어에 붙은 껌이
올라갔다가 내려오고
다시 올라가고 내려오고

바퀴를 돌리듯이
시간도 빙글빙글 돌려야겠다
온 식구가 고향 집 어머님과 웃던 때를
몇 번이고 가고 오고
그 바닷가, 파도 잔잔한 봄
신혼 초 집사람의 분홍 원피스도
몇 번이고 다시 보고….

# 노점 풍경(집에 가는 사람)

점심 먹으러 가는 사람
일 마치고 가는 사람
그래도 큰 기쁨은
내 어머니 만나고 오는 마누라 보러 가는 기쁨

가을비에
하늘은 높아지고
매미 소리는 줄어들고
보이는 것은
아침에 남긴 잘 구운 갈치
출근하지 말라고 울던 아기
한숨 나올 때마다 찾는 마누라 얼굴

이맘때 지나가는 저 사람
식구들 둘러앉을 만두 한 봉지
지친 손에 대롱대롱
힘든 하루 다 잊었다.

# 노점 풍경(접촉 사고)

수레 가득 버림받은 물건
할머니가 절뚝절뚝 주행선을 어기고 밀고 간다
수레가 할머니의 소유물이었다가
할머니가 수레의 부착물이었다가
할머니와 수레는 한몸이 되었다

자동차에 부딪힌 수레
내장이 터져나왔다
넘어진 할머니는 정신을 차리고
수레가 흘린 큰창자 작은창자 주워담을 때
자동차 운전사는 상황파악을 마치고
손해 배상 흥정하러 나왔다
할머니는 제 잘못에 기가 막혀
쌍방과실 말도 못 하고
뇌진탕 후유증 말도 못 하고
초록 지폐 주는 대로 받고
미안하다 미안하다 절을 했다.

# 풀잎 일기(감각은 어렴풋하다)

지난해까지는 지난해가 제일 더웠고
지금까지는 올여름이 제일 더운 것이고
다음 해는 더 더워질 것이다
엘니뇨 현상이라고 하면 말이 된다

아궁이 열기 같은 오늘 낮 선풍기 바람이
40년 전 처음 선풍기를 본 할머니들이
부채 바람보다는 덜 시원하다던 그 바람이었다
60년 전에도 그늘에 앉아
보리 이삭을 골라내면 오금에 땀방울이 흘렀다
통계에는 올해보다 더 더웠던 때가 있었고
40년 전에도 물가 그늘에서 등골에 땀방울을 흘리며
그늘에 앉아 꼼짝 않는 것이 제일 좋다고 하였다

내일 중복…
노점에서는
이겨낸 고난을 그새 잊고
오지도 않은 더위에 지레 질겁한다.

# 풀잎 일기(바람 한 점 구름 한 점)

고향 집 마당을 돌아나온 건들바람 한 점
밭일 마치고 온 엄마 땀 냄새를 뿌렸다
엄마는 고향 땅에 스며 있다가
한 번씩 바람 타고 온다

내가 하늘에 스며 있다가
뭉게구름에 섞여 나타나면
내 땀 냄새를 집사람이 알아볼까
노점 거리 뙤약볕 한낮에
구름으로 다가가 멈추면
더위 식혀주러 온 나임을 알까.

# 풀잎 일기(갈등)

물방울 튕겨내는 복숭아 같은 살결을
여름 햇볕 겨울바람이 시샘한다
아침에 지나가는 길
오늘을 어떻게 견딜지
저녁에 돌아보는 길
아직도 길에 있는지

사는 것이 자랑거리인 마을 입구에서
해야 어서 져라, 집에 가고 싶은 마음
해야 길어져라, 하나라도 더 팔고 싶은 마음
하고 싶은 말을 삼키고 고개 숙인 사람

함박눈보다 고운 손등을
올겨울 추위에서 지킬 수 있을까
삼복에
빳빳한 모시옷 입고 한 번 나설 수 있을까
길바닥 겨울 먼지가 또 지나간다.

# 풀잎 일기(저축 자랑)

오전 내내 유제품乳製品 15,000원어치 팔았는데
김밥 한 줄은 2,000원
짜장면 한 그릇도 4,500원인데
150원부터 3,000원짜리 펼쳐놓고
오가는 걸음걸이나 구르는 차 바퀴나 살피다가
폐기할 재고 손실은 언제 메꿀까

할아버지 말씀이
마음의 점이라는 점심에
삶은 감자 한 알이면 충분하지
100원 벌어 90원 쓰면 10원이 남고
200원 벌어 210원 쓰면 10원이 모자란다고 하셨지

햇볕이 뜨거우면 수돗물 한 모금 마시고
지나가는 사람들의 몸매가 왜 다른지
간판과 햇살이 어떻게 사랑하는지
가끔은 고향 닮은 산마루 능선에 이마를 대고 있으면
굶은 점심 생각나기 전에
잘 버는 자랑 말고 잘 쓰는 자랑하라 하시던
할아버지의 다음 말씀이 있을 거야.

# 풀잎 일기(근면 성실)

머슴 돌쇠는 고향에서 작은 부자가 되었고
돌쇠 부리던 만석꾼 귀동이는 간도로 갔다*
양반은 노동을 하지 않아야 하던 때
만석꾼 맏며느릿감 시험 문제에
쌀 한 말로 한 달 버티기가 있었다
한 달을 몸종과 굶으며 견딘 처녀가 있었고
그날 저녁부터 몸종과 같이 배부르게 먹고
몸종을 바느질 심부름이나 장사치로 내보내고
자기는 집에서 바느질한 처녀가 있었다

큰 부자는 하늘이 작은 부자는 부지런함이 내지만
작은 부자는 게으름이 거두어 가고
큰 부자는 허세와 낭비가 거두어 간다고
할아버지께서 종종 밥상머리 훈계를 하셨다
절약은 굶어 죽는 것을 늦출 수 있고
근면성실은 이웃과 같이 배가 부르다는
밥상머리 훈계가 한 번씩은 어긋나기도 한다.

* 일제강점기 때 일제가 조선인들의 농토를 빼앗고 만주개척단 등을 만들어 이주시켰다.

# 풀잎 일기(더위 잊기)

처서 뒤 비가 올 때마다 더위가 조금씩 누그러졌다
처서 뒤 일주일째 아침 바람은 시원하더니
여우비가 지나간 저녁 여섯 시라는데
가로수도 땀을 흘리고
그늘에 쉬는 나그네 옷섶도 땀방울에 젖는다

생각 없는 나는 책이나 읽는다고
집에서 덥다 덥다 앉아있지만
집사람은 땡볕 아래서
아이들 걱정으로 더위조차 못 느낄까
어제처럼
등골에 맺힌 땀이 또르르 흐른다.

# 풀잎 일기(백로 맞이 비)

더위에 지친 백성에게 용기를 주려고
주나라가 한여름에 최면을 건 입추
입추가 지나고도 한 달이다
24절기가 중국 화북 기준이라고 양보를 하더라도
사람들이 지구 온난화를 불러들였다고 하더라도
더위가 눈치 없이 눌러앉아 있다

더위를 데리고 왔던 비가
더 많은 더위를 데리고 갔는데도
비가 올 때는 겨드랑이가 보송보송하더니
날이 드니 다시 끈적거린다

하늘이 맑아 뒷산에 쇳소리가 나고
아침까지 내린 비 뒤끝이 남아
아기 울음소리가 내 방에서 나는 듯해도
더위는 숨지도 않았다.

# 풀잎 일기(갑과 을의 자유계약 1)

논밭을 사려고 우유 대리점을 하다가
갑의 반품 거절 밀어내기 재고처분을 못 견뎌
내 집은 반 토막 나고 갑은 부자가 되었다
신장개업 반품조건 옷 장사는 매출부진을 감당 못 하였다
배운 것이 장사뿐이라고, 그것도 우유뿐이라
온 가족이 매달려 우유 대리점을 다시 했으나
넘을 수 없는 밀어내기 관행에 또 넘어졌다

재고 우유를 하수구에 쏟아붓던 날
꿈속에 아버지가 말씀하셨다
이놈아 버리려면 이웃에 나누어 주지
밥알 하나도 하늘이 안다는 가르침을 잊은 내 대답이
식구마다 제 입에 풀칠하러 나가야 하니
품을 들여서까지 이웃에 나눌 처지가 아닙니다
채소 갈아엎는 농민 속을 알겠습니다

꿈속의 아버지를 생각하며 빚잔치를 하고
온 가족이 일용 잡부 새벽 줄서기를 시작했다
북한이 꽃제비는 굶어 숙었다는데
산 입에 거미줄 치지 않는다는 말을 믿고 싶었다.

## 풀잎 일기(갑과 을의 자유계약 2)

부는 3대를 잇지 못하고
책은 관리하지 못하고
지혜는 죽을 때까지 없어지지 않는다고
옛사람은 가르침을 물려주라 하였다

북쪽 민주주의는 갑질*로 자자손손 대물림 수령을 만들고
남쪽 자본주의는 갑질로 자자손손 대물림 부자를 만들고
어디서나 가난도 무지도 대물림된다
모리배와 지적장애인의 계약에서
모리배는 언제나 갑이다
왕과 신하의 천부인권에서
왕은 언제나 갑이다
천부인권이 같다고 능력도 같아서 자유계약
젊으나 늙으나 남자나 여자나 동등
그런데도 미성년자 심신박약자 구별까지 했는데
멀쩡한 사람에게 약자보호가 웬 말이냐
천차만별 구분을 인간이 헤아릴 수 없지 않으냐
오늘날은 갑이 갑질로 제도를 만든다.

* 갑질: 힘이 센 쪽이 상대방을 함부로 대하거나 이익을 가로채는 짓.

# 풀잎 일기(갑과 을의 자유계약 3)

(1) 갑의 지침

소매업자로 여자만 받는다
지정 시간 내에만 영업해라
영업구역 내에서만 영업해라

(2) 을의 영업 행위

유고가 생겨서 남자 대리인을 두었습니다
저녁 고객 요청으로 연장 영업합니다
타 구역 침범이 아니고 유동판매 된 것 배달입니다

(3) 갑의 대리인

매출이 오르는 것은 좋다
그러나
다른 을의 고발이 들어오니 어쩔 수 없다.

# 풀잎 일기(경제 논리)

장대비 속에
배달 왕복 20분
판매수탁품 매출액 2,400원

밤 10시 지났다
배달 왕복 10분
판매수탁품 매출액 2,400원

한 끼 가족 식사
배달 주문 48,000원

집사람은 해도
나는 안 하지.

# 풀잎 일기(노는 날)

오후에 오겠다던 비가
아침부터 온다
일기 예보가 빗나간 것이 아니라
하늘이 약속을 어긴 것이다
하늘이 언질을 주었다가
슬그머니 행동을 바꾼 것이지
하늘의 눈치를 살피던 인간의 오판이 아니다

비를 내리는 것은
놀고 싶어도 일해야 하는 날
마음 편히 쉬라고
하늘이 내리는 휴식이다
일기예보보다 앞당겨 비를 내리는 것은
특별한 사람이 더 빨리 쉬라는 은총이다.

## 풀잎 일기(세상에 와서)

쪽배 한 척
끊임없는 물결
사방이 어지러워도
물결 너머는 언제나 수평선
물이 흐름을 멈춘 것인지 흐르는 것인지
흔들리기만 할 뿐

수평선에 지는 해 수평선에 떠오르고
왔다가 가고 갔다가 오는 정월
세월이 있는 것인지 없는 것인지
솔섬은 푸르기만 할 뿐

하늘은 맑았다가 흐렸다가 바람비 모양새
밑창에 물이 새지는 않는지
물이랑에 기우뚱
쪽배 한 척.

# 풀잎 일기 1

방지기 스무 날에
쓰레기 자루에 구겨넣었던 직장 생각이
송곳 끝처럼 뾰족이 내민다
쫓겨날 때 시원하기도 했던 일터가
늦은 밤 불빛에 손 시린 것보다는 좋았다

중학부터 대학까지 책가방 네 개에
연금이나 위로금 하나 없어도
한둔하지 않고 굶지 않았는데
실업급여도 받고 가족 모두 일하러 나간 지금은
혼자 집을 지킬 뿐인데
사방이 막막하기는 그때나 지금이나

천장 쳐다보며 거듭 생각해도
집사람도 일을 해야 하고
다 자란 아이들은 제 일에 바쁜데
빈둥거리는 하루
가족에게 죄를 짓는 짓이다.

* 한둔 [명사] 한데에서 밤을 지냄. 〈동의어〉 노숙露宿.

# 풀잎 일기 2

새벽마다 시린 손 비비며
집사람이 식구들의 명줄을 들고 나가고
나는 집사람의 이불까지 둘러쓴다
빛 잃은 조각달이 차갑게 웃고
집사람의 그림자가 대문에 기대어 섰고
손수레는 식구들의 명줄에 눌려 구겨져 있다

물러서기만 하는 손수레를 밀다가
나를 돌아보던 집사람이 골목을 나간 뒤
전기세 무섭지만 불을 켜고 화장실에 앉아서
집사람의 훈기가 남아 있는지
집사람의 땀 냄새가 남아 있는지 찾고 있는데
아침 출근 서두르는 식구들이 웅성거린다

딸의 직장에는
죽은 아내 병원비로 집을 넘겨준 할아버지가
한 달 월급 밀리자 영양실조로 쓰러지고
달동네 이웃들의 모금으로 입원했다는데
나는 종일 천장이나 쳐다보다가 세 끼 꼬박꼬박 먹는다.

# 풀잎 일기 3

찌든 벽지도 어지럽게 널린 살림 도구도
어둠이 덮어주어
비좁은 잠자리도 포근하다가
새벽이 오면
푸른 나뭇잎도 점점 또렷해지지만
빛과 함께
헤진 벽지도 천정의 빗물 자국도 우르르 몰려나온다

밤사이 아늑했던 꿈자리도
빼곡히 들어찬 찌든 가구와 이부자리에게 돌려주고
집사람은 달빛 아래 하루 일을 준비하다가
부잣집 가정부들이 하품하며 일어날 아침이면
오늘 하루 땡볕에 그을릴
손수레를 갸우뚱갸우뚱 밀고 나간다

손수레 뒤에서 휘청거리는 걸음도
졸부들의 거만을 곱게 삭여야하는 것도
나에 대한 보시인데, 나는
골목 돌아나가는 집사람의 등에 쌓인 새벽빛을
멀거니 보다가 돌아선다

# 풀잎 일기 4

8시 15분
럭키 아파트 앞
아파트 안에 손수레만 노랗게 서 있다
저 손수레 주인이 지금
아파트 지하도를 건너고 있을까

나는 오늘도 에어컨을 찾아가는데
나는 오늘도 거드름 피우며 사람을 부리는데
나는 오늘도 일찍 들어오는데

종일 검은 도로가 뱉는 복사열을
냉수로 달래며
자외선 차단 안경 낀 집사람은
손수레를 찾아서 어디쯤 오고 있을까.

## 풀잎 일기 5

밤이 좋다
선밥이나마 한 그릇 먹었고
아이들 둘러앉아 하하호호
후줄근한 이불도 회사의 안락의자보다 편하다

설거지 끝내고 아이고 끝났다 하던
집사람의 얼굴엔
숨었던 미소가 피어나고 방 안 어디에도
종일 달라붙던 구름 한 점 없다

눈치 볼 것도 경쟁할 것도 없고
위선도 명예도 소용없고
네 다리 펴고 눕는다

깊은 잠이 아침을 부를까 봐
선잠 자다 일어나면
아이들 웃음소리, 집사람 숨소리.

# 풀잎 일기 6

아스팔트가 자동차를 튀긴다
자동차는 발바닥이 뜨거워 동동거리며 발을 옮기지만
새로 디딘 아스팔트는 더 뜨겁다
불덩이가 된 자동차가 가까이 오면
손님 기다리던 집사람은 은행나무 그늘에 숨어들고
벚나무 우듬지로 달아난 매미도
불가마에 덴 곳을 핥으며 울어댄다

집사람에게
뜨거운 사랑을 퍼부어도 싫다고 하자
심통이 난 아스팔트가 복날에 용가리*를 부른다
용가리는 집사람에게 불을 뿜고
집사람은 온몸의 물기를 뽑아 옷을 흠뻑 적신다
용가리가 위아래 사방에서 불을 뿜어보지만
삶지도 굽지도 못하고
씩씩거리다가 돌아가니
집사람은 물끄러미 용가리 뒤태를 보다가
불김에 그을린 물건을 주섬주섬 거둔다.

* 김기덕(1934년생) 감독, 1967년 개봉 작품에서 불을 뿜는'대괴수 용가리'

## 풀잎 일기 7

읽히지도 않을 책을 펴내겠다고
새벽부터 밤까지 자판기를 두드리다가
어쩌다가 한 번 집사람 배달 심부름이나 한다
마음 내키면 설거지도 하고
가끔 쿠쿠 밥통에 쌀을 안친다
내가 만드는 반찬은 천연재료 그대로 건강식인데
식구들이 먹지 않고
집사람 심부름도 별로 없어
편하게 먹고 산다

딸 자손뿐인 외가 벌초에 갔다
여동생 모두 일등 신부들인데
매제들이 설거지해놓고 검사받고
식사 준비해 놓고 검사받고
투정도 해보지만 항복하고…
날씨가 더워서 내가 잘못 들었나
교장 선생님도 진짜 사장님도 저 모양이니
살아남으려면 지금부터는
설거지나 빈 밥통은 꼭 살펴보아야겠다.

# 제3편

# 바깥에는

# 베푸는 길

과자를 사라 한다
가격 지급은
맛 좋은 과자를 먹는 값이라 할 수도 있고
과자 공장 종업원 생계비 지원이라 할 수도 있고
과자 사업과 소비생활향상 지원금이라 할 수도 있다

과자를 사지 않는다
군음식 생각이 없다 할 수도 있고
밥값 조달조차 어렵다 할 수도 있고
제조업자가 괘씸하다 할 수도 있다

수요곡선과 공급곡선이 만나는 조건
가격과 품질, 용도와 긴급성
수요곡선과 공급곡선이 만나지 못하는 이유
계급투쟁인지 소득격차인지
수요도 공급도 베푸는 일인데
베풀지 않는 까닭이
앙심怏心인지 욕심欲心인지.

## 분수

이룬 일에 맞는 삯을 받는다
폐품 수집보다 좋은 일을 찾을 때까지는
쓰레기장이나 뒤지고
웅크려 시린 잠을 청하기보다는
추수 끝난 밭에 이삭이나 주울 일이다

가진 것이 많더라도
줄 때는 줄 만한 까닭이 있어야 하고
가진 것이 적더라도
받을 때는 받을 만한 일을 해야 한다

가진 것이 많아도 몸을 움직여야 하고
가진 것이 적어도
쓰레기장을 혼자 차지해서는 안 된다

움직이는 것은 몸이 튼튼해지는 일
욕심내지 않는 것은 마음이 튼튼해지는 일
작은 일에 많은 삯을 달라 하니까
큰일에 적은 삯을 주니까
심신에 병이 깊어 산지옥에 살다가 지옥으로 간다.

# 바깥에는

바람이 분다
칠순 핏줄은 천 원짜리 파지 주우러 나가고
불혹 핏줄은 알던 사람 찾아 동냥 나가고
20대 30대 핏줄은 새벽부터 낮잠을 자고
염색 공장 기계는 외국인 손 따라 돌아간다

비가 온다
사장은 갑질*과 비밀 장부로 바쁘고
하청업자는 녹슨 기계를 부수고
근로자는 뼈만 남은 손에 칼을 쥐고 있다

지진이 인다
공장이고 논밭이고 뒤엎을 것이다
노소 빈부 다 녹여
선도 악도 다 녹여
하늘나라 뜻을 다시 세울 것이다.

* 갑질: 우수한 지위를 이용하여 약자에게 부당행위, 불공정거래를 하는 것.

# 잘 쓴 시 1

'대한민국 동양의 촛불'
닭도 소도 아는 타고르의 동방의 등불
낯설게 하기도 감추기도 없는 죽은 비유
투명 내복 입으나 마나 다 보인다
시가 아니다

'대한민국'
글자 그대로 보라는 대한민국은 아닐 테고
小韓民國, 大韓帝國, 大韓諸國, 對韓諸國 중 어느 것인가
은유한 것이 무엇이냐 상징한 것이 무엇이냐
심심풀이 말장난임을 알 때까지
독자는 이미지를 찾느라고 헛수고를 하겠지
제법 시의 냄새가 난다

'ㅜ#ㅏ 쨍$%5〉g_=ㅗㅕ'
좋은 시어로고!
한글 2005로 쓴 글이 한글2002에서 깨졌네
자판을 두드린 난들 컴퓨터 에러를 어떻게 알겠나
무엇을 숨겼는지 귀신도 못 찾겠지
정말 잘 쓴 시다.

# 잘 쓴 시 2

시집 문을 열면
검은 장막 뒤에 동굴이 있어
동공을 크게 열고 기다리면
지렁이 행적 같은 것이 보이는데
그게 지렁이 행적 같지가 않아
수만 년 전에 남긴 상형문자라면
그 시대 무엇을 그린 것일까
아무래도 물건을 그린 것은 아니야
그럼 어느 민족이 만든 표음문자일까
훈민정음언해를 찾을 때까지는 모를 일이야
모스부호 같지는 않아, 규칙성이 없어
쿠바에 핵미사일을 숨긴 소련정보국 암호일까
6인, 많아도 13인의 자폭으로 백악관과 펜타곤을 폭파하라
는 빈 라덴 지령일까
시행詩行마다 반짝임에 귀 기울여도
알 수 없어
더 들어가면
해탈에 닿는 예지叡智*, 아니면
대폭발을 예지豫知*하고

살아남는 예지銳智*쯤은 있을 거야
아무것도 없어
아니야
이쯤에 노다지가 있을 거야
단단한 이것은 무엇이냐, 걸쭉한 이것은 무엇이냐
다이아몬드 원석 더미인가
까불지 말고 신분에 맞게 땅이나 파라는 예지睿旨*인가
굿길을 나오니

허기진 눈에 도깨비불 번뜩이네.

* 叡智[명사] 사물의 이치를 꿰뚫어 보는 지혜롭고 밝은 마음.
銳智[명사] 날카롭고 뛰어난 지혜.
豫知[명사] 1 어떤 일이 일어나기 전에 미리 앎. 2 〈심리〉미래의 일을 지각하는 초감각적 지각. 또는 그런 능력.
睿旨[명사] 〈역사〉왕세자가 임금을 대신하여 정치를 할 때 내리는 명령.

* 굿길[명사]〈광업〉=갱도1(坑道). 광산에서, 갱 안에 뚫어 놓은 길. 사람이 드나들며, 광석이나 자재를 나르거나 바람을 통하게 하는 데 쓴다. ≒갱1(坑), 갱로.

# 잘 쓴 시 3

버스에서 내릴 곳을 지났다
프리즘을 빠져나온 것이 이미지일까

지하철 계단 입구에서 갈아타는 역을 찾다가
승차권에 하차 확인을 하지 않았음을 알았다
어둠이 짙지 않아 네온사인도 희미하다
같이 내린 사람은 이미 블랙홀에 빨려든 모양이다
알 수 없는 빛깔이 상징일까

10분 거리이니 운동보충 삼아 집까지 걸어야지
지하계단을 건너 차가 뜸한 길로 꺾어 들었다
한심한 게 은유인가 직유인가

건널목 지나 육교로 가다가 감기약 떨어진 생각이 났다
지하철 계단에서 약국 생각이 났으면
200m는 덜 걸었을 텐데, 그냥 갈까
시어가 감춘 것이 프리즘을 통과하지 못한 것일까

감기가 아직 남았는데 그냥 두면 숨은 불씨가 되겠지
점점 바람이 오슬오슬하다 약국에 가자
조금 더 가서 생각난 것보다는 다행이라는 것이
시인이 수수께끼로 한 말일까

처음부터 바로 내렸다면 지금 집에 도착했겠지
수수께끼 푸느라고 내릴 역을 지나쳤지만
약을 사게 되었으니 잘 된 일이지
암호를 풀 사람이 있을 거라고 그랬을까
그 시어는 암호였어

약국 가는 길에는 차량통행이 잦다
신호등도 내 맘과는 다르다
시인이 혼자만 기억하려는 비밀일까
그럼 출판할 일이 아니지

액티피드는 콧물감기 전용이네 잘 못 산 것 아닌가
내일 다른 약국에 가면 이 약은 없어서 못 살지 몰라
그럼 그게 좋은 것인데
액티피드값이 1,500원, 다른 약은 2,000원
액티피드로 감기를 쫓는다면 그게 더 낫지
잘난 사람들이 시를 수수께끼처럼 써야한다는데
조향의 '아시체雅屍體놀이의 시'
암호 같은 시
그게 나에게 좋은지 나쁜지 아직 몰라.

# 우리 민족끼리 사람들

세월호 때만 자기들이 풀어주고 구제금융으로 키운 범행인 것이 아니다 제 욕심을 부린 것이 들통나면 불평뿐인 조무래기들을 부추겨 적장에게만 책임을 떠넘긴다
적장만 잡으면 이긴다는 조자룡이 칼춤 출 때 전술이다

수없는 사람을 직접 죽이는 자에게는 눈감고 아웅산 테러 현장에서 겨우 빠져나온 대통령에게 그 테러를 공작했다고 몰아세우는 자들이 연평해전 전사자를 멸시함은 알 만하지만 요덕수용소도 3대 세습도 그럴 이유가 있다는 작가, 학자, 정치인들이 인권을 투쟁 무기로 휘두르는 것은 어떤 이유인지 마르크스도 레닌도 말하지 못한다 이성을 내세워 제 욕심만 채운 스탈린이나 모택동이면 말할까

우리끼리 뭘 의심하느냐 수령님이 달라하시면 계집도 내어드리고 수령님이 목을 치시면
떨어진 목도 "수령님 만세!" 외치며 굴러야지
우리 민족끼리 사람들은 우리끼리에 미친 것이 아니고 남의 피땀을 빼앗는 일에 미쳤다.

# 행성 기네스북

1.
채청사인 중앙정부 5과에서 주기적으로 14~25세의 미소녀만 골라 보존된 처녀막 확인하고 성 기교 교관이 포르노 영화까지 교재로 써서 성행위 체위에 따라 신체 각부의 위치와 역할까지 20개월 합숙교육을 시켜 장교로 만든 여군들을 각 지방휴양소에 배치하였다가 수령에게 살수청 한 번에 훈장으로 시계 하나를 주고 시계 수가 많을수록 특권도 늘어난다는 기네스북 기록을 악마들은 천사들의 음모라 한다

2.
수령의 장난감 용도에서 밀려난 미녀들은 수령의 오락비용을 만들려고 3년간 열대에 파견되어 숨 쉬는 것도 감시를 받으며 화대를 수령의 통장으로 선입금 받으니 밤마다 속살을 팔아도 화대는 만져보지 못하고 귀국하면 수령님 만세당 하급 간부와 짝을 지어 죽을 때까지 수령님 만세만 불러야 하니 수령님의 은혜가 지대하다는 기네스북 기록을 악마들은 천사들의 음모라 한다

* 문장 끝에 마침표를 찍지 못한 것은 터뜨릴 말이 남아있기 때문입니다.

# 행성 신지식인

1.

보릿고개에서 제 아비를 구해준 대통령에게는 털어낸 먼지도 다시 털고 친동생이 굶어 죽는 것은 제 탓이라고 하면서 처녀를 외화벌이에 보내는 국가의 주적 수령에게 돈과 양식을 바리바리 보내고도 뺨을 맞고는 장군님 죄송합니다 제 이웃의 돈을 더 빼앗아 칼 갈고 남으면 장군님 주색잡기에 보태도록 뼈 빠지게 노력하겠습니다 장군님 만수무강하소서 빌고 비옵니다

이런 소원도 기네스북에 올려주세요.

2.

박왕자가 아무리 몰랐다고 해도 죽을죄를 지었고 금강산관광은 북한의 자금줄이니 재개합시다 남북경협자금으로 핵폭탄 만들었다는 북한의 확인서를 받지 못했으면 북핵 이야기 접으세요 제1연평해전이고 천안함이고 더구나 지뢰 사건까지 북한이 제가 한 일 아니라 하니 10년 된 사건이건 오늘 아침 사건이건

조건 없이 5 · 24조치는 해제야 기네스북에 올려줍니다.

3.
우리 같은 애국자에게 대안 없이 반대만 한다고 하는데 아무리 잘해도 잘한다고만 하면 더 잘할 것을 안 합니다 우리가 반대하는 이유가 당신들의 추측으로는 국민생활에 방해가 되고 이적행위로 개인 탐욕을 추구한다고 하는데 우리가 한 일에 잘못이 있으면 없던 일로 하고 당신들의 피해는 계속 남으니 남는 장사입니다 우리의 숭고한 뜻은 김정은이 주체적 통일을 빨리 이루어
북조선 만세를 기네스북에 올리는 일입니다.

4.
제1연평해전 전사자 추모식에 16년 동안 한 번도 가지 않았습니다 일본의 월드컵 결승 날이 하필 그날이기도 하고 맥아더 동상도 무너뜨리고 소고기 촛불 시위에 한미자유무역협정 반대도 해야 하고 미군 탱크 운전과실에도 촛불 시위를 해야 하지만 무엇보다도 북한의 심기는 건드리지 말아야 했습니다 20대 30대가 중도로 돌아선 지금 할 일이 더욱 벅찹니다 6 · 25가 남한의 북침으로 일어났다는 북한 주장 홍보하기 미군 장군의 아들들이 6 · 25 참전으로 많이

죽었음을 숨기기 여순사건, 제주 4 · 3사건, 거창사건, 5 · 18 사건에 좌빨* 프락치 개입 사건은 없었던 거로 조작해야 하고 난세의 진압군과 현 정권을 인권말살 악당이라고 반국가 여론을 만들고 북한에도 인권이 잘 보장되었는데 남한은 독재국가라고 선동해야 합니다 유엔 묘지나 이승만 묘지에 갈 시간이 있으면 금수산 태양궁전에는 못 가더라도 태양궁전을 향해 묵념이나 올립시다
그 정도는 되어야 기네스북에 오를 것 아닙니까.

* 좌빨: 좌익 빨갱이의 준말이나 여기서는 김일성 주사파를 의미함.

5.

싸우자는 겁니까 가져도 우리가 많이 가졌고 우리가 형이니 싸울 빌미가 없도록 달라면 다 줍시다 북조선 천국에서 굶어 죽을 사람은 없지만 혹시 수령님 말 안 듣다가 굶는 사람 있을지 모르니 돈이든 재물이든 팍팍 보냅시다. 북조선은 천국이라는 말이 거짓말이라도 일단 믿어줘야 신뢰관계가 생깁니다. 회담 내용을 안 지키면 우리가 더 고개 숙이고 내 마누라를 삽아가도 사과하란 말 말고 달라는 것은 다 줍시다 싸우면 당장 다 없어지고 싸우지 않으면 몽땅

뺏길 때까지는 그럭저럭 내 것은 내가 먹을 수 있잖아요.
이 말을 진리라고 기네스북에 올려야 합니다.

6.
김일성이나 김정은이가 아무리 많은 살상을 했더라도 동포이니 욕하지 맙시다 공산주의보다 좋은 주체사상을 창안했으니 칭찬합시다 북쪽에서 날아온 포탄이 청와대에 명중한 동영상이 있어도 그것을 김정은이 쏘았다고 할 증거가 못 됩니다 그 포탄이 명왕성에서 미국 대통령이 발사하여 북한 상공을 거친 것이 아니라는 동영상이 있습니까 북한제 탄피, 북한제 지뢰라고 하는데 남한 괴뢰도당이 북한제를 훔쳐서 자폭한 것이 아니라는 레닌이 도장 찍은 확인서가 있어야 증거가 된다는 것도 모르세요
바보들을 가르치기 위해 이 지혜도 기네스북에 올립시다.

7.
대한민국 국회의원 중에 썩어빠진 대한민국을 공명정대한 나라로 만들겠다고 하며 굶어죽지 않으려고 탈북한 사람을 배신자라고 한 사람이 있는데 그녀가 국법을 어기고 대

한민국을 배신한 밀입북을 민주화 운동으로 대한만국 단체가 선정할 지경이니 탈북자는 배신자이나 밀입북자는 배신자가 아니지요. 연평해전, 천안함 폭침 전사상자에게는 법대로 보상하고 놀러가다가 죽은 사적인 사망에는 나라를 들쑤셔서 전사상자의 위로금보다 100배나 많은 위로금을 지급하고도 아직 내부분열 책동을 끝내지 않으니 논리나 헌법 위에 뗏법, 도덕과 국법 위에 뗏법이 있다는 말에 실감이 납니까 북한의 수십만 정치범이 쥐를 잡아 허기를 면하려 하지만 쥐가 모자라 굶어죽어도 북한을 인권탄압국가라고 하지 말 것을 당론으로 정한 남한의 여러 정당이 북한을 인권탄압국가로 정한 유엔 결의를 파기하라고 합니다 북한에 쌀이며 약이며 농약까지 지원해야 하지만, 북한이 보여주려고 서구보다 더 호사스럽게 만든 복지시설이 북한에서는 최악의 시설이니

북한이 천국임이 분명하다고 기네스북에 올려야 합니다.

# 잘난 사람

억누르기 돋보이기 첫인상을 관리하고
모르는 척 못 보는 척 실눈으로 염탐하고
예상한 반응이 나올까 찔러보고
속임수로 이익을 가로챈다

오르락내리락하던 산을
아무도 못 오르는 산이라 소문내고는
너를 위해 목숨 걸고 오르겠다 약속하면
얼치기 민주시민은 깜빡 넘어가고
눈뜬 민주시민은 얼치기 여론에 속절없이 당한다

꾸며댄 이상론으로 얼치기들을 선동한 혁명가
싸우면 이겨도 잃을 것이 있으니 양보하라는 선동꾼
모든 것을 내려놓는 척 교활한 승부수로 민심을 흔들다가
살코기 썩는 냄새는 감추고 방귀 냄새에 시비 걸고
상대편을 물어뜯어 생각대로 되면 다음 단계 음모
안 돼도 그것이 독선 방지 장치라고 용서받으니
분탕질을 해도 이름 석 자 소문내는 것이 남는 것이다.

# 잘난 세상

노동자들 탐욕 때문에 부자가 죽고 난 다음
노동자도 다 죽는다고 법석을 떨어놓고
자본가들은 돈 쌓을 창고를 새로 지어도
가족이 돈에 깔려 허우적대니
없는 놈이 안전하고 없는 놈의 자식은 우애도 좋다

가진 놈 때문에 알박기 방지법을 만들었더니
가진 놈의 알빼기에 달동네 사람은 단칸방도 뺏겼다
가진 놈들 탐욕에 죽어나는 못 가진 놈들이
좌빨 꼬임에 빠져 날만 새면 분탕질인데
가진 놈 못 가진 놈 싸움에 이웃 놈도 죽을 맛

돈으로 복을 사려고 훔치고 뺏은 돈으로
신전 지붕을 금으로 바꾸었지만 복은 받지 못했다
금빛 지붕에 반사하는 열에
가난한 자는 가슴이 타서 고운 마음 잃었으니
가난한 자도 저승에서 복 받기는 틀렸다

이래저래 어지러운 세상을 밝게 하지도 못하면서
신전에서 돈이나 모으고 최고존엄 노릇을 하니
신의 무궁한 사랑과 전지전능하심은 참으로 위대하다.

# 제4편

# 틈

# 지천명 노을도 아름답다

움트던 봄풀
여름 기다린다 들었는데
가을 잎 떨어져
열매를 덮는다

출생은 여행 한 토막의 앞 끝
사망은 여행 한 토막의 뒤 끝
생에서 사까지 한 토막은 분명한데
한 토막의 경계가 분명하지 않다

지천명도 이순도
生의 마디마디 구간 표시이지만
계절처럼 두루뭉수리로 이어져
사람마다 다르니
지천명인지 이순인지

이순을 시작하는 사람
지천명을 시작하는 사람
마디의 구분이 아리송해도
시작은 아름다운 것이니
끝도 시작하는 일이라 아름답다.

# 희망뿐

하강곡선은 상승곡선이 되려고
저점을 향해 간다
선행지표를 보고도
경기곡선의 최저점을 정할 수는 없으나
인생의 최저점은 일체유심조一切唯心造

쪽방 안에 있으나 밖에 있으나
최저점의 추위는 같다
최저점도 추위도 일체유심조

외줄에 달려 대롱거릴 동안은
떨어지지 않으려는 생각뿐이다
거리를 헤매고도 일감을 못 찾아도
일감을 찾는 동안은
쪽방의 최저점을 잊는다
최저점도 추위도 벗어난 것이다

내 자리는 최저점
일감을 찾아다니든
지쳐서 쉬든
올라갈 일만 있다.

## 내 탓이라 하더라

모래바람 안고 바동대는데
문풍지를 흔들며 겨울밤이 온다
하늘이 흐리다 했더니 진눈깨비 내린다

가뭄 들지 않는 땅이 없을까
습지 아닌 땅이 없을까
천년 옥토는 없을까

석비레*에 뿌린 씨앗에
썩지 않을 두엄 뿌리고도
튼실한 열매 기다린다

낮잠 자던 나를 보고 시간이 웃는다
손등에 주름 접히고 무릎이 시리다
해가 기운다.

* 석비레 [명사] 푸석푸석한 돌이 많이 섞인 흙. 돌이 풍화하여 생긴 것으로, 벽돌이나 기와 따위를 만들거나 도로를 포장하는 데에 쓰인다.

# 기다리는 외로움

바람이 배꽃에 닿았을 때
꽃이 파르르 몸을 떨었다
온몸을 흔들며 까르르 웃는 것도 잠깐
바람은 꽃에게 우쭐거리다가
들을 가로질러 달아나고
온종일 볕만 뜨거웠다

한나절 지칠 때쯤
나비 한 마리 만나
몸을 흔든 것도 잠깐
나비는 황사 속으로 사라지고
소용없는 소나무 꽃가루만 날아왔다

바람을 불러 몸을 흔든 것이나
나비를 맞아 흥분한 것이
문밖에 서성이는
외로움을 부르는 것임을 알았을 때는
청춘을 다 보낸 뒤였다.

# 사랑했기 때문에

사랑이 영원하리라 믿은 것은
사랑이 영원하기를 바라는 소원 때문이었다
사랑이 영원하지 않은 것도
사랑이 영원하기를 바라는 소원 때문이었다

사랑이 말하기를
가고 싶으면 가라고 해서 갔단다
남아달라고 하지 않아서 갔단다

사랑은 말 뒤의 말을 찾아내지 못한다
주는 사람도 받는 사람도
사랑이
밉다는 말 한참 뒤에 있음을 모른다

밉다는 말 뒤를 기다리지 않아서
사랑을 놓친 것은 가까스로 알았으나
사랑이 떠난 것이
사랑했기 때문임을 모른다.

# 변명

기쁨을 알리려고 슬픔을 주고
배부름을 알리려고 배고픔을 준다
좋은 것에 반대되는 것을 대비한 것은
좋은 것을 기다리게 하려는 것이다

에두르지 말고 바로 말하자
고통으로 행복을 가르친다는 말은
나약한 마음을 달래려고 지어낸 말이다
답답함을 견뎌보려고 꾸며낸 말이다
전지전능한 신은 없음을 확인한 말이다

그러나
의지할 곳 없는 데서
의지할 곳을 찾는 인간은 위대하다.

# 떠날 채비

호박꽃 지고 줄기 시든다
요염하지 않은 꽃, 먼지 앉은 잎으로도
새끼 키울 사명으로 끄떡없이 버텼지만
열매 떠나고
그늘 찾는 벌레도 없다

줄기도 잎도 검게 마르는 것은
다른 곳에 보낸다는 암시를 받는 것이다
지친 듯 누웠지만
새로운 곳이 어디일까 부풀어 있다

움직이는 것은 무엇을 하는 것이다
움직이지 않아도 무엇을 하는 것이다
성장 멈추고 엎드린 호박 줄기
새 일터로 떠날 채비를 하고 있다
해 뜰 녘 애인 마중 나서듯 길을 나설 것이다.

# 살아야 하는 이유에 대하여

찬바람에 달빛 지고
성긴 별이 핏기 잃어갈 때
뜬눈으로 긴 밤 지샌 풀들이
손잡을 수 없이 주저앉을 때
벌레 소리도 숨죽이고
달이 하얗게 질릴 때
도랑물 소리조차 어둠에 덮이면
장승도 죽은 척 눕는데

미늘에 걸려 베스*에게 뜯기는 붕어는
미늘을 벗어나려고 몸부림친다
죽어야 얻는 평안보다
살아서 받는 고통이 좋다는 이유
살점을 뜯기는
붕어에게 묻지 말고
끓는 물에 손을 넣어 보아라.

* 베스: bass, 토종 물고기를 잡아먹어 생태계 교란을 일으키는 외래 어종 농어류.

# 저승 꿈

하늘은 검푸른 빛
땅은 검은빛
산에 들에 나무도 풀도 혼자
새도 토끼도 혼자
혼자 떠가는 구름이 산마루를 덮는다
낯선 사람 만난 듯 섰던 나무들이
불에 타다 남은 나무의 해골이 되었다

썩은 짚더미는 어제가 쌓인 거라 하고
질질 끌려오는 보퉁이는 내일이라 한다
보퉁이에서 떨어지는 막대기가 짚이 되고
보퉁이는 줄어든다

끌려 오던 보따리를 집어들었다
보따리가 웃기 시작한다
해 질 녘 동구 밖에서 기다렸던
엄마의 장거리일까
줄어든 보따리가 아직은 무겁다.

# 내 그림자가 끝나고

아득한 해거름
길가에 주저앉았다
앉은 그림자가 길을 가로질러 눕는다
사람이 그림자를 밟고 간다
그림자가 꿈틀거린다
자동차가 그림자 위로 굴러간다
그림자가 신음을 한다
산이 그림자를 덮친다
그림자가 캑캑거린다
하늘이 그림자 위에 쏟아진다
그림자가 사라졌다
새로운 고요가 시작된다.

# 흔적

묘비를 남기지 마라. 사라지는 안개다.
무덤도 남기지 마라. 사라지는 안개다.
얼룩도 남기지 못하고 떠난 자리에
나무들이 새싹을 틔울 것이다.
마음껏 한숨도 쉬지 못하고 떠난 자리에
풀벌레가 짝을 찾아 노래할 것이다.

지는 해는 다시 와도
안개는 메아리처럼 사라진다.
잡고 있던 풀잎 흔적도
메아리처럼 사라진다.
돌아보지 마라.
흔적 위에 핀 꽃은 쓸쓸함이다.

# 한살이

잠시 머물 수 있었던 낙엽도 아닌
떠돌던 구름이어라.
휘둘러 보아도 아는 이 없어
슬그머니 사라지는 구름이어라.
혼자 나부끼다가
사라져야하는 구름이어라.

지나온 아득한 곳에
꽃은 아직 남아 있는데
잘난 춤도 발버둥이었을 뿐
하루살이 춤도 되지 못하고
산 그림자 따라 스러진다.*

* 스러지다 [동사] 형체나 현상 따위가 차차 희미해지면서 없어지다. 불 기운이 약해져서 꺼지다.

## 전직轉職

봄부터 가을까지
나무를 키우고 은행알을 키우고
산소를 만들고 그늘을 만들어
새도 사람도 안아주던 잎은
보도에 뒹군다

천 근 아쉬움을 잊으려고
노랗게 단장하고
가을바람 흥에 맞춰 사뿐사뿐 춤춘다

송별연이 끝났다
나무 밑을 맴도는 낙엽아
슬퍼하지 마라
아름다운 기억만 안고 가거라

낙엽이 말한다
다음 일 하러 간다고
아쉬운 남아도 휘파람 불며 떠난다고
다음 일은 언제나 더 큰 일이라고.

## 생각나는 사람

이별,
언제나 쓸쓸합니다
아니,
경찰서 조사실을 나오는 이별은 기쁩니다
그러나
경찰서 조사실에 들어가는 일은 없고
이웃을 보내는 일은 잦습니다

눈인사도 없던 이웃이
어느 날 아침 떠났습니다
그 집을 볼 때마다 쓸쓸합니다
그 사람보다 먼저 이사 간 사람과도
눈인사도 없이 살았습니다

눈인사조차 없이 헤어진 10년
문득 생각나는 사람이 있습니다
내가 10년을 모른 채 지내다가
슬며시 사라진 후에도
가끔 나를 생각하는 이웃이 있을까요.

# 이별이 아쉬운 것은

겨우 인사나 하던 옆집이 어디론가 떠나도
내 집 화단 꽃 한 송이 진 것보다 서운하다
기억에 남을 일 없어
그 모습 아른거림이 없을 줄 알았는데
집이 팔렸다는 소문을 들을 때도 섭섭하더니
빈집이 뿜는 안개가 땅을 덮어 나간다

한 인연을 매듭짓는 이별
한 이별 뒤에 또 매듭짓기
먼지가 쌓여 산이 되어도
그 위에 또 쌓여 다른 산이 되듯이
매듭에 매듭이 이어지고
내 인생도 더 긴 인생으로 바뀐다

데면데면 보냈던 매듭들
볼수록 자세히 보고 싶은 아른거림
언제나 첫 모습 그대로 볼 수 있다면
아쉬움도 그리움도 없다
조용히 떠올려 보아도 출렁이는 물그림자
다시는 자세히 볼 수 없다.

# 베 짜기

직장에서 베를 짜면
공장에는 베가 된다
사장에게는 이윤이 된다
근로자에게는 월급이 된다

부부가 베를 짜면
국가에는 국력이 되고
가문에는 자손이 되고
부부에게는 자식이 된다

내가 짜는 베
찰칵 찰칵 바디* 소리 들려도
베는 보이지 않는다.

* 바디: 베틀, 가마니틀, 방직기 따위에 딸린 기구의 하나.

# 그것은 내 것

썩은 홍시 냄새가 나는 곳에 60대 추레한 남자가 검은 비닐봉지에서 옥수수를 꺼내 저녁 식사 중이었다 한 입 베어 물고 바쁘게 씹는다 했더니 입을 다물고 땅바닥을 보았다 온종일 간절한 것은 김을 후후 불면서 먹는 국밥 한 그릇이거나 따뜻한 방에 한숨 자는 것이고, 곱씹은 것은 떠나면 얼음 같아지는 직장동료의 을씨년스런 인심일 것이고, 행동은 돈 한 푼 떨어지는 곳이 어딘지 멀거니 하늘 보는 것이니 식사 때만이라도 오늘 밤 잠자리 걱정은 하지 않았으면 좋겠다 옥수수에서는 오늘 저녁 축축한 잠자리에 배어 있을 곰팡내가 나고, 그의 검은 잠바에서 나오는 찬바람이 내 등에까지 파고들었다 그의 눈에서 나오는 풀이 죽은 가로등 불빛은 깨어진 병에서 흐르는 식용유를 지나더니 끈적거리며 내가 펴든 책의 글자에 기어올라 글자가 '집어 갔티'인지 '집에 간다'인지 아른거리고, 오늘 밤 이불이 될 신문 뭉치에서는 어젯밤에 얼어 죽었다는 노숙자 이야기가 머리를 쑥 내밀고 오늘 얼어 죽을 후배가 어떻게 생겼나 두리번거렸다 눈을 감으니 지하도에서 그가 뒤집어쓴 신문이 덜덜 떨고 있었는데, 이명인지 환청인지 들리는 소리는,

"노숙자 하나가 이불 하나 달랑 지고 가던데, 이 추위를 그걸로 어떻게 견딜지. 쯧쯧. 아빠 빨리 가요. 엄마가 차에서 기다리고 있어요. 여기는 단속이 심해서 차를 오래 댈 수 없어요."

눈을 뜨니 진열장 복숭아 같은 소녀가 노숙자와 말을 섞고 있었다 노숙자가 먹던 옥수수를 검은 비닐봉지에 넣고 소녀를 따라가고 나서야, 홍시 냄새도 습기 찬 곰팡내도 찬 바람도 나에게서 나왔고 풀 죽은 가로등 불빛도 내 눈에 있었던 것임을 알았다.

# 틈

아홉 개의 점이 흩어져 있었다
그중 한 점에 나머지를 쓸어담고
나도 그 점으로 들어갔다
점 안에는 여덟 개의 점이 흩어져 있었다
그중 한 점에 나머지를 쓸어담고
나도 그 점으로 들어갔다
점 안에는 일곱 개의 점이 흩어져 있었다

같이 버무려도 하나가 되지 않고
작은 데 넣어도 틈의 비율은 같다
큰 점 안에서 10m는 1m 걸음으로 아홉 걸음인데
작은 점 안에서 1m는 10cm 걸음으로 아홉 걸음

가깝게 붙여도 더 붙일 틈이 있고
먼 곳이라 해도 더 먼 곳이 있어
하나도 아니고 둘도 아니더니
나란히 앉아서 보는 북극성도
한 사람은 첫사랑
한 사람은 끝 사랑.

# 갈 색이 되면 간다

갈색褐色 사마귀가 시멘트 바닥에 앉았다
여름 동안 풀색으로 살았으나
풀보다 먼저 늙어버렸다
풀들이 아직 푸른색이라
갈색褐色 바닥이 숨기가 쉬운가

황천 건너는 배를 기다리는 매미가
올려준 나뭇등걸에서 떨어졌듯이
사마귀는 몸통을 건드려도 미련하게 꿈틀거릴 뿐
풀잎에 올려줘도
알을 품듯 볼록한 배를 바닥에 깔고
떨어진 곳에 가만히 있다

겉살을 밀어내고 속살이 올라오듯이
풀잎은 져도 다시 돋는데
다시 못 올 사마귀는
풀잎보다 먼저
갈 색(死色)이 되어
갈 곳(저승)으로 간다.

# 내 혼도 우주 혼이지만

혼은 순간순간 나갔다 돌아왔다
조금 전 내가 무슨 말을 했기에
청중이 박수를 쳤는지
평소의 버릇대로 말하는 사이에
혼은 어디서 무엇을 하고 있었는지

술에 취하면 허깨비에 홀리고
궂은 밤에는 도깨비에 홀리고
맑은 낮에는 무엇인지도 모르고 홀린다
혼이 나가도 내 몸은 움직이고
물은 흐르고 꽃은 피었다
혼이 나간 사이에 몸이 한 일을
혼도 몸도 모른다 하고
혼이 몸 밖에서 한 일에는
혼이 입을 다문다

내 혼을 불러내는 것은
내 혼보다 큰 우주 혼이고
내 혼이 우주 혼이 되어서 한 일은
개인 혼인 나는 몰라야 하는 일이다.

## 믿음

탐진치 털어내기도
원수 사랑하기도
신 만나기만큼 어렵다

내가 누구인가
진리는 무엇인가
신 알기만큼 어렵다

믿은 도끼에 발등 찍히는 것을
복을 받는 선행조건이라고 기다리는 것도
신이 있다고 믿기만큼 어렵다

바람, 비를 인간이 만들어도
인간이 자연에 끼어들 범위를 알고 있는지
믿습니다 외치는 사람들이
신의 뜻을 알기나 하는지
신이 신의 의무를 다하고 있음을 믿기보다 어렵다.

# 신이 한 일이라

방금 한 것이지만 생각나지 않는 일은
혼이 나갔을 때 한 일이고
일어나지 않은 일을 방금 본 것 같은 것은
혼이 잠시 몸 밖에서 본 일이다
신이 있다고 하는 것은
보이지 않아도 신이 있음을 알기 때문이고
야가 정신 나갔나 하는 것은
정신이 몸 밖으로 나가는 일이 있다는 확신이다

혼이 몸 밖에서 몰래 하는 일은 무엇인가
혼이 왜 몸 밖에서 일을 하는가
신의 뜻이다
얼버무리지도 말고
알려고도 하지 마라

알 수 없으면 모두 신에게 맡기면서
깜빡깜빡한다고 알츠하이머로 몰지 말고
불가능한 일을 있었다 한다고
미쳤다 하지 마라
신의 세계를 인간이 알 수 없을 뿐이다.

## 말은 사라졌다가 다시 온다

상대성 이론이 나와도
만유인력 법칙은 진화하고
상대성 이론을 뒤엎을 새 이론도 자란다
뉴턴도 아인슈타인도 퇴화하고 있고
새 이론을 말할 사람은 태초부터 미래까지 있다

천 년 후에도 만유인력 법칙을 말하다가
미친놈이란 말만 들을 수도 있고
수천 년 전에도
시간과 공간을 활보할 이론을 말하고
그 자리에서 존경받았을 수도 있다

만유인력 법칙도
상대성 이론도
상대성 이론을 뒤엎을 새 이론도
수천 년 전 죽은 자의 말이다.

# 더불어 더불어서

빛이 있을 때만
존재를 알릴 수 있는 그림자
빛이 움직이지 않으면 꼼짝 못 한다

한 점 시각도
혼자서는 가지 못해
다음 시각이 밀어줘야 세월이 간다

그림자도 시각도
혼자서는 아무것도 못 한다
한 점 시각으로는 세월이 되지 못한다
피는 것도 지는 것도
이웃들이 밀어주고 당겨주기 때문이다.

# 흩어지면 아무것도 못 한다

혼자는 아무것도 못 하는 안개
뭉쳐서 이슬 되고 물방울 되고
개천 지나 바다 된다
바위 깨고 산을 뭉개는 파도는
바람에 날리던 안개다

혼자는 영혼의 소리도 내지 못하는 먼지
먼지 쌓여 씨를 품는 흙이 되고
산이 되고 바위 된다
바다를 메우고 하늘 덮은 지진은
바람에 날리던 먼지다

혼자는 아무것도 못 해도
소곤소곤 들어주고 토닥토닥 다독여
뭉친 것이
파도이고 지진이다

둘이 뭉치면 작은 변화
셋이 뭉치면
세상이 바뀐다.

# 2%가 모자라

혼을 빨아들이는 마력은
얼굴이었던가, 몸매였던가
말로는 마음가짐이라고 나불거리지

천상 얼굴을 꿈꾸는 맞선 자리
눈 코 입 얼굴, 곰곰이 비교해 보면
여태 보아온 사람보다는 예쁜데
야무진 꿈 앞에 천상 얼굴은 숨어버렸지

남의 몫은 2% 커 보이고
내 몫은 2% 작아 보이고
남의 자랑거리는 2% 작아 보이고
내 자랑거리는 2% 커 보이고
지상에 몸 둔 마음은 2%가 모자라지

사람들이 왜 집사람을 그토록 탐내는지
차분히 보면 알 것도 같아
장마당에서도 자랑하고 싶은 얼굴이
눈 감고 나무토막처럼 있어도 지상 최고 얼굴
오르가슴에 얼굴 찌푸리면 지상에서도 천상 얼굴.

# 목숨 1

퉁퉁 불은 갈댓잎
여기저기 부딪히며 떠내려간다
줄기에서 떨어졌다고 죽은 것이 아니다
낙엽으로서의 목숨을 살고 있다

날마다 피어나도 지겨운 것인데
날마다 이지러지면서도 버리지 않는다
이것이 아닌데 하면서도 놓지 않고
저것인데 하면서도 잡지 않는다

갈대로 자란 과거는 물위에 있고
낙엽으로 썩을 미래는 물아래 있는 줄 알아도
스스로는 어디로도 갈 수 없어
물 위에서만 머뭇거린다
물 위에 매인 것이 슬프다 하면서도
물 위를 벗어나지 못해
머뭇대다가 물아래로 흘러갈 뿐이다.

## 목숨 2

새들에게 쫓기며 버틴 나비는
죽을 때까지도 파르르 떤다
싸움에 지쳐 쓰러진 사자는
마지막 신음을 토하면서도 숨을 헐떡인다

사람만 안다
죽음만 다른 죽음을 부르지 않음을 안다
죽음만 다른 존재에게 누累가 적음을 안다

스스로 참 쓸모없음을 안 날
먹고 입는 만큼 벌어오지 못할 때
어떻게 할까

낙엽은 썩음을 비바람에 맡기고
물은 흐름을 높낮이에 맡긴다
사람이 제 길을 스스로 정한다고
낙엽이나 물보다 나을 것이 있는가.

# 저승사자

개울물이 휩쓸어 가는 것에
열 살 때는 흥미를 느끼다가
스무 때는 가슴이 뛰다가
마흔 때는 덤덤히 보았다

홍수로 마당에 들어온 물을
쉰 때는 어떻게 할지 망연히 보다가
예순에는 허리까지 오른 물속에서
할 수 있는 일이 이것뿐인가 한심했는데
칠순이 지나면 물 따라나서고 싶을지도 몰라

진시황은 빈손으로 와서
얻은 것이 너무 커서 버릴 수 없었지
자랑스럽고 사랑스러워 버릴 수 없었지
가진 것이 못남뿐이었으면
넘치는 물을 따라나섰을 거야.

## 내 퇴역 절차는 어떻게 짜여 있을까

발을 헛디뎌 즉사한 사람이 신에게 감사했다
아픔을 전혀 모르고 죽었기 때문이다
밤낮 이어지는 비명을 질렀으면
삼이웃이 우울증에 걸렸을 것이다

미리 알고 죽은 사람도 신에게 감사했다
삶을 마무리할 여유를 얻었기 때문이다
갚을 빚 정리하고 남길 말 전하고
세상사 별것 아니라는 자기최면도 걸었다

자식에게 유언을 직접 남기고 싶다는 소원
자는 잠결에 죽고 싶다는 소원
어느 것 하나 복이 아닌 것이 없지만
유언이나 빚 청산은 평소에 해두면 되겠으나
죽는 과정은 알 수 없는 것.

# 계시啓示는 신에게 감사할 일이다

눈이 점점 어두워지고
먹는 양이 점점 줄어드는 것은
새 세상에 오라는 초청장이다
이빨이 부러지고 걸음이 둔해지는 것은
미움도 집착도 버리고
빈손으로 올
준비를 깔끔하게 하라는 안내장이다

소집영장을 미리 보내는 것이
하던 일을 돌아볼 일 없게 마무리하라고
넉넉한 시간을 주는 것이듯이
늙고 병드는 것은
무여열반無餘涅槃을 준비하라고
신이 은혜를 베푸는 것이다.

# 죽음 복 앞에서

일순간에 죽는 것들
절벽에서 떨어지는 것도
달려오는 바퀴에 치이는 것도
긴 병에 고통받는 것보다는
복을 타고난 것이다

큰길에 사람들이 모여 있다
길 가운데 쓰러진 사람을
제 가족이 아니기를 확인하려는
무의식들이 둘러서 있다
얼굴 한 번 못 본 남이라도 끔찍한데
가족이라면 얼마나 놀랄까
고통 없는 돌연사를 복이라 하기에 앞서
준비 없는 가족들의 얼굴이 어른거린다.

## 무공해 감

긁히고 멍들고 작고 흐릿한 감 한 상자
맛도 모양만큼 덜떨어져서 믿음이 간다
농약 소나기를 수없이 맞지도 않았을 것이고
부는 바람 내리는 비를 그대로 맞으며
해와 달과 별과 어울려 사랑을 배우고
풀벌레와 오손도손 자란 뒤
어설픈 장대 끝에 꽂혀 들쭉날쭉 꺾인 감
꼭지를 가위로 다듬지도 않아
다른 감의 얼굴에 상처 내는 것을 막지도 않았고
여름 내내 긁힌 상처 난 감도 골라내지 않았고
작고 못생겼다고 골라내지도 않아서
돋보이려고 애쓴 흔적이 전혀 없이
재활용 상자에 세 들듯 담겨서
이 손에서 저 손으로 공짜로 넘겨진 감

자연 속 농부가
가을맞이 인심을 나눈다
농촌에서 도시로, 도시에서 내게로
순박한 사람들을 거칠수록 탐스럽게 자라는 사랑
나는 그 사랑을 먹는다.

# 광안리 바다

물 위에는
길바닥에 침을 뱉던 옆집 아가씨
길바닥의 지갑을 삼킨 앞집 아저씨
골목에서 장애인을 놀려대던 꼬마들

물 아래는
노임을 안 주려는 사장
이중장부를 안고 있는 장사꾼
空約을 만드는 정치인

공중에는
나의 게으름, 너의 모자람, 우리의 증오심

바다가 물을 뒤집어
윗것은 눌러 없애고 아랫것은 증발시켜도
공중에 있는 것들이 다시 바다를 덮는다

지진도 태풍도 뒤집지 못하는
사람의 마음에 새 옷을 입히려 한다
해도 안 되는 일을 쉬지 않고 다시 한다.

▌해설

# 생의 안과 바깥 사이

임종성
시인, 문학평론가, 문학박사

1.

시를 쓰는 행위는 생의 흔적을 남기는 일과 다르지 않다. 사람들은 자신이 살아오면서 의미나 가치가 있다고 생각되는 생의 내질을 남긴다. 그렇게 남기고 싶어 하는 이유는 시를 읽는 사람들에게 도움이 되리라는 기대가 주어지기 때문이 아닌가 한다. 한 편의 좋은 시가 세상에 보태지면 세상은 더 이상 전과 같은 것은 아니다. 시는 생의 의미와 방식, 가치를 바꾸어 놓으며 시인 자신과 자신이 유입된 세상에 대한 깊은 포옹을 가져다준다. 시는 빈집에 불을 밝히는 등촉이다. 그래서 시는 계속 써져야 한다. 계속 쓸 수 없어도 계속 써야 하는 것이다.

2.

봄부터 가을까지
나무를 키우고 은행알을 키우고
산소를 만들고 그늘을 만들어
새도 사람도 안아주던 잎은
보도에 뒹군다

천 근 아쉬움을 잊으려고
노랗게 단장하고
가을바람 흥에 맞춰 사뿐사뿐 춤춘다

송별연이 끝났다
나무 밑을 맴도는 낙엽아
슬퍼하지 마라
아름다운 기억만 안고 가거라

낙엽이 말한다
다음 일 하러 간다고
아쉬움 남아도 휘파람 불며 떠난다고
다음 일은 언제나 더 큰 일이라고 [전직轉職] 전문

직업은 인간의 행복 추구에 있어서 본질적인 것이다. 그래서 이러한 직업은 생활의 방편이면서도 반려에 가깝다. 이 시의 화자는 나무에 새를 개입시켜 놓고 있다. 대개 나무는 땅의 어둠과 하늘의 빛을 반씩 섞어서 자기가 살아온 만큼 많지도 적지도 않게 그늘을 드리운다. 그늘은 나무를 쳐다보고 나무는 그늘을 내려다보며 서로 쓰다듬고 어루

만져 주고 있다.

한 가지에서 무성했던 잎이 어느새 낙엽으로 바뀌어 가는 모습을 보여 준다. 한 직업에서 다른 직업으로의 전환을 의미한 것이다. 〈천근 아쉬움을 잊으려/ 노랗게 단장하고/ 가을바람 흥에 맞춰〉 나간다. 송별연이 끝나고 〈다음 일하러 간다〉는 변화를 드러낸다.

> 바람이 분다
> 칠순 핏줄은 천 원짜리 파지 주우러 나가고
> 불혹 핏줄은 알던 사람 찾아 동냥 나가고
> 20대 30대 핏줄은 새벽부터 낮잠을 자고
> 염색 공장 기계는 외국인 손 따라 돌아간다
>
> 비가 온다
> 사장은 갑질과 비밀 장부로 바쁘고
> 하청업자는 녹슨 기계를 부수고
> 근로자는 뼈만 남은 손에 칼을 쥐고 있다.
>
> [바깥에는] 부분

직업 현장에는 우수한 지위를 이용하여 근로 계약의 약자에게 부당행위나 불공정 거래를 하는 소위 갑질이 난무하는 것을 몸으로 부딪쳐 알고 있는 화자는 허탈감의 수렁에 빠져든다. 비가 오면 〈사장은 갑질과 비밀 장부〉로 분주하고 피해의 대상인 하청 업자와 근로자는 녹슨 기계를 부수고 〈뼈만 남은 손에 칼〉을 쥐게 되는 것이다. 〈남쪽 자본주의는 갑질로 자자손손 대물림 부자를 만들고/ 어디서나 가난도 무지도 대물림된다〉[풀잎일기(갑과 을의 자유계약 2)]가 횡행되고 있다. 그러나 노동이나 직업의 풍경이 비참한 것만은 아닌 경우가 없지 않다.

점심 먹으러 가는 사람
일 마치고 가는 사람
그래도 큰 기쁨은
내 어머니 만나고 오는 마누라 보러 가는 기쁨

[노점 풍경(집에 가는 사람)] 부분

아홉 개의 점이 흩어져 있었다
그중 한 점에 나머지를 쓸어담고
나도 그 점으로 들어갔다
점 안에는 여덟 개의 점이 흩어져 있었다
그중 한 점에 나머지를 쓸어담고
나도 그 점으로 들어갔다
점 안에는 일곱 개의 점이 흩어져 있었다

같이 버무려도 하나가 되지 않고
작은 데 넣어도 틈의 비율은 같다
큰 점 안에서 10m는 1m 걸음으로 아홉 걸음인데
작은 점 안에서 1m는 10cm 걸으므로 아홉 걸음

가깝게 붙여도 더 붙일 틈이 있고
먼 곳이라 해도 더 먼 곳이 있어
하나도 아니고 둘도 아니더니
나란히 앉아서 보는 북극성도

한 사람은 첫사랑
한 사람은 끝 사랑. [틈] 전문

"산다는 것은 천천히 태어나는 것이다"고 생텍쥐페리는 『싸우는 조종사』에서 말한 바 있다. 사람은 이 세상에 두 번 태어난다. 한 번은 신체적 자아의 탄생이며, 또 한 번은 정신적 자아의 탄생이다. 사회 구성원의 개체로 태어난 사람은 누구나 생과 죽음, 자연과 문명, 현상과 이념 사이에 산다. 화자는 틈을 열기도 하고 틈을 좁혀 닫기도 하면서 살아가는 것이다. 〈가깝게 붙여도 더 붙일 틈이 있고/ 먼 곳이라 해도 더 먼 곳이 있어〉 한 사람에게는 첫사랑이 되고 또 한 사람에게는 끝 사랑이 되기도 하는 것이다.

3.

씨앗 속에
햇볕도 그늘도 있다
햇살 아래 놀던 풀꽃이
지나가던 바람과 춤춘다

산딸기도 따고 조약돌도 줍고
엄마가 펼친 들밥도 먹던 아이가
아빠에게 씨앗 밖으로 나가보자고 보챈다

씨앗에서 나오는 것은 다른 별에 내리는 것
씨앗 속 일을 모두 잊고
씨앗 속으로 돌아가는 길도 잊는다

새 별에서는
새로 사는 법을 배우면서
스스로 새 우주가 된다.        [새싹들의 탄생] 전문

탄생은 신비롭고 장엄하고 무한한 축복이다. 〈씨앗 속에 / 햇볕도 그늘도 있다〉는 화자의 진술에는 다분히 잠언적 진실이 깃들어 있다. 태어남은 이미 죽음의 시초(As soon as man is from he begins to die)가 된다. 씨앗으로 비유되는 이러한 생명이나 생애 속에는 빛과 그늘의 양면적 가치나 진상이 똑같이 묻혀 있다.

탐진치 털어내기도
원수 사랑하기도
신 만나기만큼 어렵다

내가 누구인가
진리는 무엇인가
신 알기만큼 어렵다

믿은 도끼에 발등 찍히는 것을
복을 받는 선행조건이라고 기다리는 것도
신이 있다고 믿기만큼 어렵다

바람, 비를 인간이 만들어도
인간이 자연에 끼어들 범위를 알고 있는지
믿습니다 외치는 사람들이
신의 뜻을 알기나 하는지

신이 신의 의무를 다 하고 있음을 믿기보다 어렵다.

[믿음] 전문

믿음은 바라는 것들의 실상이요 보지 못하는 것들의 증거(구약 히브리서11:1)이다. A.아우구스티누스의 말대로 이러한 믿음도 신으로부터 받은 선물인 것이다. 화자는 믿음을 갖기가 어렵다고 진지하게 들려준다. 〈믿은 도끼에 발등 찍히는 것을/ 복을 받는 선행조건이라고 기다리는 것도/ 신이 있다고 믿기만큼 어렵다〉는 전언은 형이상에 가까운 어려운 진술이다. 자기만 제대로 믿고 있다며 단정적 언사를 퍼붓는 사람이 많지만 신의 뜻을 아는 것은 불가능한 것이다.

〈천둥으로 번개로 보여주어도/ 지진으로 해일로 보여주어도〉[보이지 않는 것의 의미] 감지하지 못하는 것이 사람의 한계인 것이다. 그렇다면 보이지 않는 것의 막연하기 그지없는 형이상에 매달릴 게 아니라 소시민의 일상에 맞는 사소한 일들의 충일에서 행복을 찾는 것이 타당하다. 〈쪽방에 웅크려 있어도/ 움직일 힘을 다듬는 것은 복입니다[쪽방이 있어 행복합니다]

밤이 좋다
선밥이나마 한 그릇 먹었고
아이들 둘러앉아 하하호호
후줄근한 이불도 회사의 안락의자보다 편하다

설거지 끝내고 아이고 끝났다 하던
집사람의 얼굴엔
숨었던 미소가 피어나고 방 안 어디에도
종일 달라붙던 구름 한 점 없다

눈치볼 것도 경쟁할 것도 없고
위선도 명예도 소용없고
네 다리 펴고 눕는다

깊은 잠이 아침을 부를까 봐
선잠 자다 일어나면
아이들 웃음 소리, 집사람 숨소리　　[풀잎일기 5] 전문

세상에 나온 일상이며 소시민은 누구나 풀잎과 크게 다르지 않다. 인생은 풀과 같고 그 영화는 들의 풀과 같은 것이다 〈집사람의 얼굴엔/ 숨었던 미소가 피어나고 방 안 어디에도/ 종일 달라붙던 구름 한 점 없다〉는 행간에서 보이듯 작고 좁은 데서 큰 행복을 찾는 안분지족은 화자의 바람직한 자세이다.

장미 붉은 화사함을 누가 흉내 내겠습니까
감꽃 만개한 싱싱함을 누가 흉내 내겠습니까

그러나
꽃보다 아름다운 것이 많기도 하네요

콧물 흘리는 아기를 보세요

바이칼 호의 맑음인들 그 눈빛을 흉내 내겠습니까

별에 탄 노점상 아저씨의 미소를 보세요
모란의 붉은빛인들 그 훈훈함을 흉내 내겠습니까

헌 옷에 장미를 든 소녀를 보세요
장미조차 소녀의 복숭앗빛 얼굴에 시들잖아요

감꽃 줍는 아이를 보세요
감꽃의 생명력보다 진합니다

햇빛에 금물결 출렁이는 어느 날
사람이 꽃보다 아름다움을 알았습니다.

[사람이 꽃보다 아름답다] 전문

이 시에서 화자의 긍정적 생애관은 자본과 속도와 경쟁이 인간과 자연을 파괴하는 시대 현실에 아주 바람직하다. 〈햇빛에 금물결 출렁이는 어느 날/ 사람이 꽃보다 아름다움〉을 알았다는 진술은 깊은 감화력을 옮겨 주는 것이다.

비를 내리는 것은
놀고 싶어도 일해야 하는 날
마음 편히 쉬라고
하늘이 내리는 휴식이다
일기예보보다 앞당겨 비를 내리는 것은
특별한 사람이 더 빨리 쉬라는 은총이다.

[풀잎 일기(노는 날)] 부분

〈비를 내리는 것은/ 놀고 싶어도 일해야 하는 날/ 마음 편히 쉬라고/ 하늘이 내리는 휴식〉이라는 문맥은 생에 대한 성숙한 긍정 없이는 지니기 어려운 대목이다.

4.

이 시대 현실에서 감지되는 언어는 산만하고 불안정하며 진흙탕물이나 수렁처럼 더럽혀져 있다. 이석락 시인의 8시집 [틈]은 바람직하고 걸출한 야성을 노래하는 시편들을 통해 자질구레한 것을 밀쳐내고 메시지나 감동, 매혹의 전율을 내장하고 있다.

힘들고 어려운 생활 공간 속에서도 따뜻한 사랑과 정분을 나누며 평범하게 살아가는 일상인의 존재 양식을 서정적 감성으로 복무시켜 놓은 데 주목하지 않을 수 없다. 안과 바깥, 방이면서 광장이기도 한 이 시인의 사당에서 앞으로 더 큰 접신의 시를 기대해 본다.

틈

이석락 제8시집

인쇄일: 2015년 10월 10일
발행일: 2015년 10월 20일

지은이: 이석락
펴낸이: 최경식
펴낸곳: 도서출판 청옥문학사
인쇄처: 세종문화사

등록번호 제10-11-05호
전화: 051-517-6068
E-mail: kyu500@hanmail.net

ISBN 978-89-97805-372-03810

값 10,000원